Musique: J. Berthier, M. Praetorius (2, 11), J.S. Bach (62, 73, 74), M. Franck (53), J. Petzold (5), Arrangements Taizé (62, 66-68, 72, 75, 80-82)

1

With-in our darkest night, you kin-dle the fire that never dies a - way,that never dies a - way. With-
En nuestra_oscuri-dad, encien - de la llama de tu_amor Se - ñor , de tu_amor Se - ñor. En
Im Dunkel unsrer Nacht entzün - de das Feu -er das nie mehr verlöscht,das niemals mehr verlöscht. Im
Als alles duister is, ontsteek dan een lichtend vuur dat nooit meer dooft,een vuur dat nooit meer dooft.
In questa_oscuri - tà Si_accen-de la fiamma del tuo_amor, Signor, del tuo_amor Signor. In
W naszych ciemnościach, o Panie-, rozpal ogień, który nigdy nie zagaśnie. W na-

-in our darkest night, you kin-dle the fire that never dies a - way, that never dies a - way. Within our darkest...
nuestra_oscuri-dad, encien - de la llama de tu_amor Se - ñor , de tu_amor Se - ñor. En nuestra_oscuri-
Dunkel unsrer Nacht entzün - de das Feuer, das nie mehr verlöscht, das niemals mehr verlöscht. Im Dunkel unsrer..
Als alles duister is, ontsteek dan een lichtend vuur dat nooit meer dooft,een vuur dat nooit meer dooft. Als alles...
questa oscuri- tà si accen-de la fiamma del tuo amor Si -gnor, del tuo amor Si-gnor. In questa oscuri-...
szych ciemnościach, o Panie-,rozpal ogień, który nigdy nie zagaśnie. W naszych ciemno-

Rejoice in the Lord/ Réjouissez-vous dans le Seigneur

2

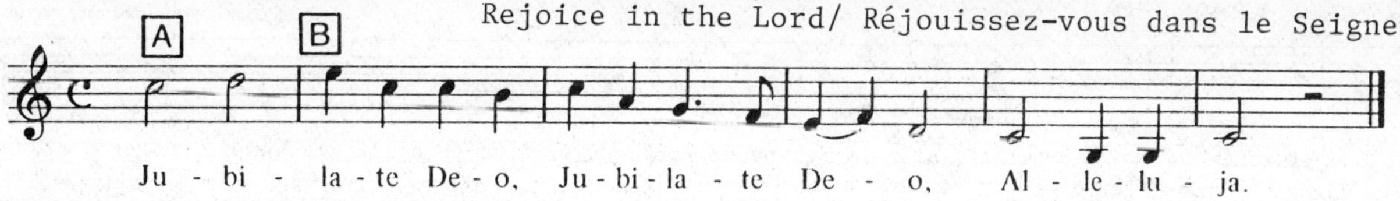

3

Veni Creator Spiritus

Viens, Esprit Créateur. / *Come, Creator Spirit.* / Komm, Schöpfer Geist.

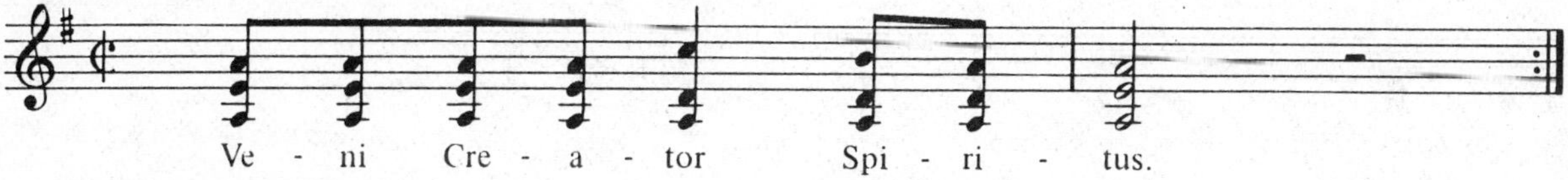

Gloria ...et in terra pax canon

4

Gloire ... et sur la terre paix aux hommes de bonne volonté. / *Glory ... and on earth peace to men of good will.* / Ehre ... und Friede auf Erden den Menschen seiner Gnade. / *Gloria ... y en la tierra paz a los hombres que ama el Señor.*

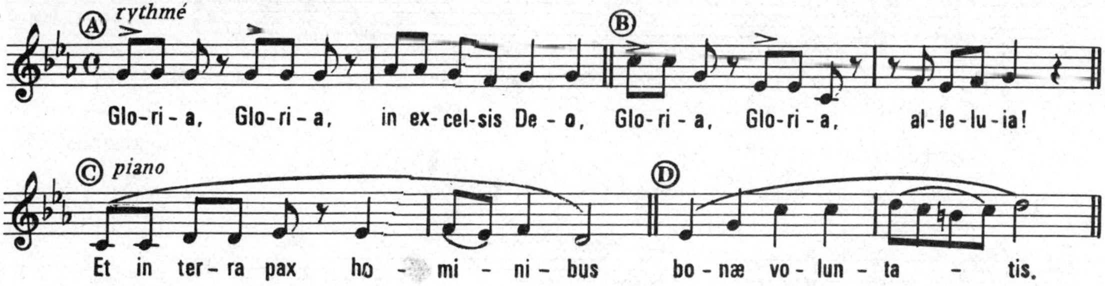

5 A Canon B C

Music: © Evang. Verlagsanstalt, Berlin

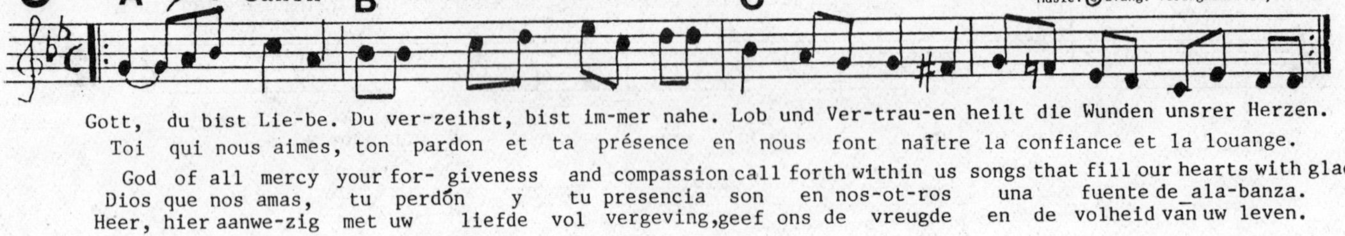

6

Restez ici et veillez avec moi : Veillez et priez Quedáos aquí y velad conmigo : Velad y orad – Restate qui e vegliate con me : Vegliate e pregate

めざめて とどまり
めざめて いのれ
めざめて いのれ

Bodi tu
in čuj zdaj z menoj.
Čuj zdaj in moli,
čuj zdaj in moli.

나와함 께 깨어있으라

나-와 함 께기 도를 하라

O-stanitu i u-za
me bdij
mo-li i bdij,
mo-li i bdij.

Jubilate, servite canon

Réjouissez-vous en Dieu, touto la terre. Servez le Seigneur dans la joie. / *Rejoice in God, all the earth. Serve the Lord in gladness.* / Die ganze Erde juble in Gott ! Dient dom Herrn in Freude !

Raduj się w Panu
ziemio cała.
Służcie Panu
z weselem.

Cantate Domino canon

Śpiewajcie Panu. Alleluja! Radujcie się w Bogu.

Chantoz au Seigneur, réjouissez-vous en Dieu. / *Sing to the Lord, rejoice in God.* / Singt dem Herrn, freut euch in Gott. / *Cantad al Señor, alegraos en Dios.*

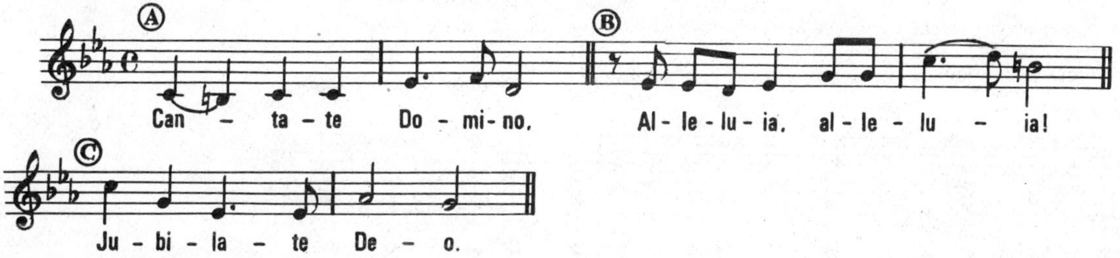

9

Die Finsternis ist nicht finster für dich. Die Nacht ist Licht wie der Tag.

Ni la tiniebla es oscura para ti. La noche es clara como el día.

と願ったとしても、あなたは やみの中でも明るく、
夜は昼のように輝き、あなたの前に くらやみはない。

10

Gdzie milosć wzajemna i dobroć, tam Bóg jest

Là où sont la charité et l'amour, là est Dieu. / *Where charity and love are, God is there.* / Wo Güte und Liebe herrscht, da ist Gott.

Jubilez, chantez le Christ Jésus. Il est ressuscité et il vit. Alleluia!
Rejoice and sing Christ Jesus. He is risen and he lives. Alleluia!

Radujcie się, śpiewajcie Jezusowi Chrystusowi,
alleluja! On zmartwychstał i żyje!

11

12

Sólo en Dios descansa en paz mi alma; de él viene mi salvación./

L'anima mia si riposa in pace solo in Dio; da lui viene la mia salvezza./

13

Donne-nous la paix, ô Christ/ Gib uns Frieden, Christus/
Grant us peace, O Christ/ Donaci la pace, O Cristo / Daj nam pokój, Chryste

14 Laudate Dominum

Wychwalajcie Pana wszystkie narody.

Louez le Seigneur, tous les peuples. / *Praise the Lord, all you peoples.* / Lobet den Herrn, alle Völker.

15

BENEDICTUS

Béni celui qui vient au nom du Seigneur. / *Blessed is he who comes in the name of the Lord.* /
Gelobt sei der da kommt im Namen des Herrn.
Błogosławiony, który idzie w imię Pańskie.

16

Chrystus naprawdę zmartwychwstał. Chrystus dzisiaj zmartwychwstał.

Surrexit canon

Le Seigneur est vraiment ressuscité, le Christ est ressuscité aujourd'hui. / *The Lord is risen indeed. Christ is risen today.* / Der Herr ist wahrhaft auferstanden. Christus ist heute auferstanden. / *El Señor verdaderamente ha resucitado. Cristo ha resucitado hoy.*

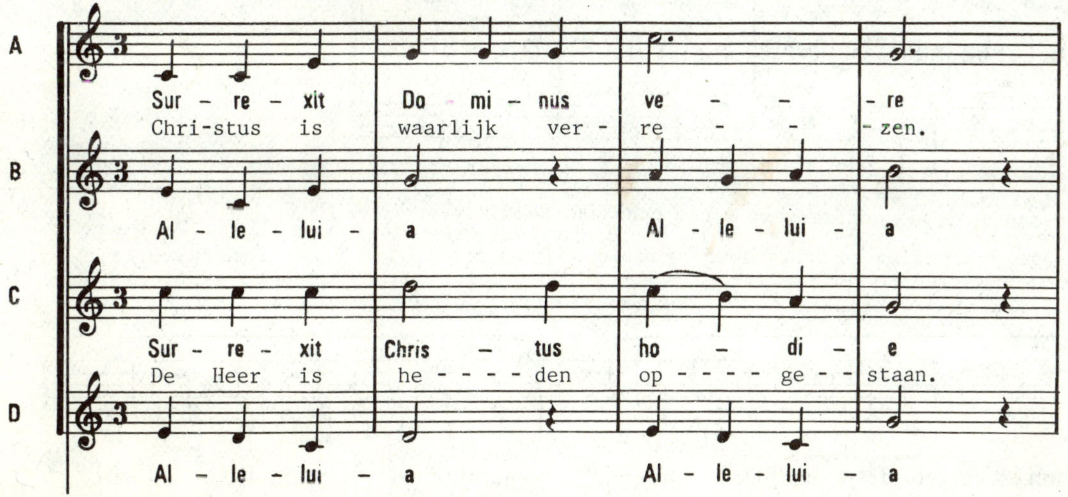

17

Nada te turbe (Santa Teresa de Jesús)

Que rien ne te trouble, rien ne t'effraie : qui a Dieu ne manque de rien. Seul Dieu suffit
Nichts beunruhige dich, nichts ängstige dich : Wer Gott hat, dem fehlt nichts. Gott allein genügt
Let nothing trouble you, let nothing frighten you : whoever has God lacks nothing. God alone is enough
Niente ti turbi, niente ti spaventi : chi a Dio non gli manca niente. Solo Dio basta

Niczym się nie trap, niczego nie bój, Bogu zaufaj nic Ci nie grozi. Niczym się nie trap, niczego nie bój, Bóg miłością jest.

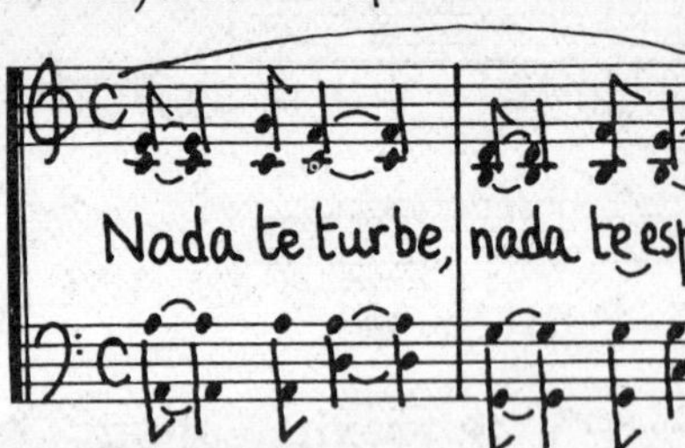

18

Dobrze jest zaufać Bogu. Dobrze jest w nim pokładać nadzieję.

Il est bon de se confier et d'espérer dans le Seigneur./Gut ist dem Herrn zu vertrauwen, auf ihn zu hoffen./Bueno es confiar y esperar en el Señor./It is good to trust and hope in the Lord./Buono è confidare e sperare nel Signore.

DONA LA PACE

Donne la paix, Seigneur, à qui se confie en toi./ Give peace, Lord, to those who trust in you./ Gib Frieden, Herr, dem dir vertraut./ Da la paz, Señor, a quien confía en tí.

Obdarz nas Panie Pokojem,
bo my wierzymy
w Twą moc.
Panie, udziel nam
Ducha Swojego
Ducha pokoju.

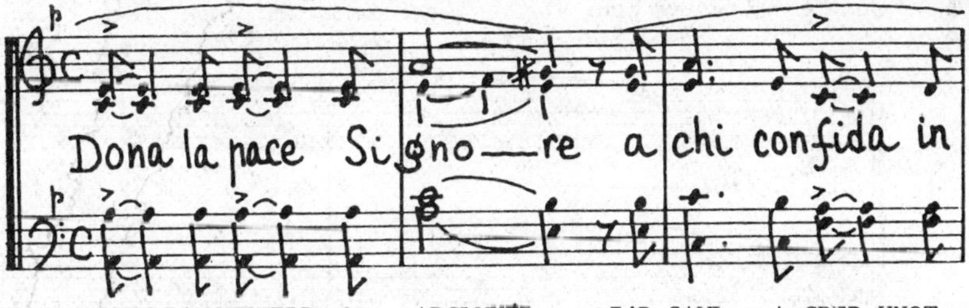

Sanctum nomen Domini

My soul magnifies the holy name of the Lord.
Mon âme magnifie le saint nom du Seigneur.
Meine Seele preist den heiligen Namen des Herrn.
Wielbi dusza moja święte Imię Pana.

21

Chantez et jouez pour Dieu - *Singt Gott und spielt Ihm* - Cantad y tocad para Dios
Sing and play for God - Cantate ed inneggiate a Dio. Śpiewajcie i grajcie Bogu.

22 Laudate omnes gentes

Louez le Seigneur, tous les peuples.

Lobet den Herrn, alle Völker.

Praise the Lord, all you peoples.

Wszystkie narody chwalcie Pana

Christ est ressuscité. Chantez au Seigneur - *Christus ist auferstanden. Singt dem Herrn* - Cristo resucito. Cantad al Senor - *Christ is risen. Sing to the Lord* - Cristo è risorto. Cantate al Signore.

23

SURREXIT CHRISTUS

24

CHRISTUS RESURREXIT

Christ est ressuscité

Christus ist auferstanden

Cristo ha resucitado

Christ is risen

Cristo è risorto.

Chrystus Zmartwychwstał

25

Misericordias Domini

I will sing for ever the mercy of the Lord.

Les miséricordes du Seigneur à jamais je les chanterai.
Das Erbarmen des Herrn will ich ewig preisen.

26

BLESS THE LORD

Bénis le Seigneur, mon âme; bénis son saint nom. Il me conduit à la vie./ Preise den Herrn, meine Seele, und preise seinen heiligen Namen; er führt mich in das Leben./Anima mia benedici il Signore. Egli mi conduce alla vita./ Mi alma bendice al Señor y a su santo nombre. Él me lleva a la vida.

27

Okaż nam Panie Swe miłosierdzie. Przyjdź wkrótce. **Ostende nobis** canon

Montre-nous, Seigneur, ta miséricorde. Amen, viens bientôt. / *Show us, Lord, your mercy. Amen, come soon.* / Zeige uns, Herr, dein Erbarmen. Amen. komm bald. / *Muéstranos, Señor, tu misericordia. Amén. Ven pronto.*

28

JUBILATE COELI

Double Canon (2nd canon ad lib.)

Cieux et mondes, réjouissez-vous. Le Christ Jésus est vraiment ressuscité.

Heavens and worlds rejoice. Christ Jesus is really risen.

Cielos y mundos, alegraos. Cristo Jesús verdaderamente ha resucitado.

Freut euch, Himmel und Erde. Jesus Christus ist wahrhaft auferstanden.

Radujcie się niebiosa, radujcie się ziemie. Jezus Chrystus zmartwychwstał prawdziwie!

29

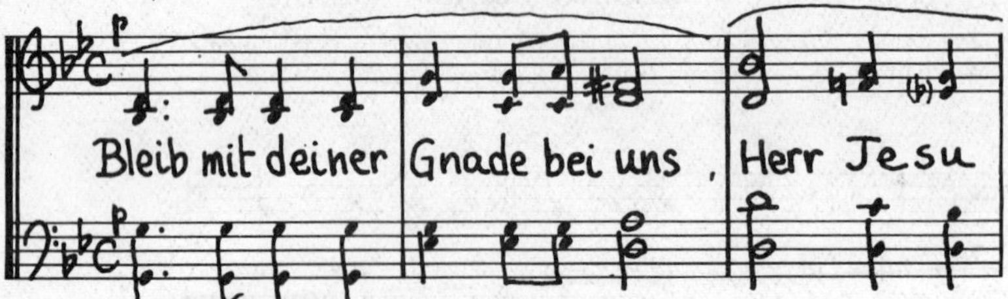

Stay with us O Lord Jesus Christ, night will soon
Ven Jesus no tar-des Se - nor, ven con tu
Blijf met uw ge - na - de bij ons, Heer on - ze

fall. Then stay with us O Lord Jesus Christ, light in our darkness.
paz. Oh, ven Senor y vierte en mi ser la con-fian - za.
God. O blijf met uw ge-na-de bij ons, licht in het duister.

Reste avec nous, Seigneur
Jésus, dans notre nuit.
Reste avec nous, Seigneur
Jésus Christ, dans nos ténèbres.

Resta con noi con la tua
grazia, Dio fedele.

30 ADORAMUS TE O CHRISTE

Nous t'adorons, o Christ.
Christus, wir beten dich an.
We adore you, o Christ.
Adorujemy Cie, Chryste.

Nostra anima aspetta il Signore. In Lui la gioia del nostro cuore.

31

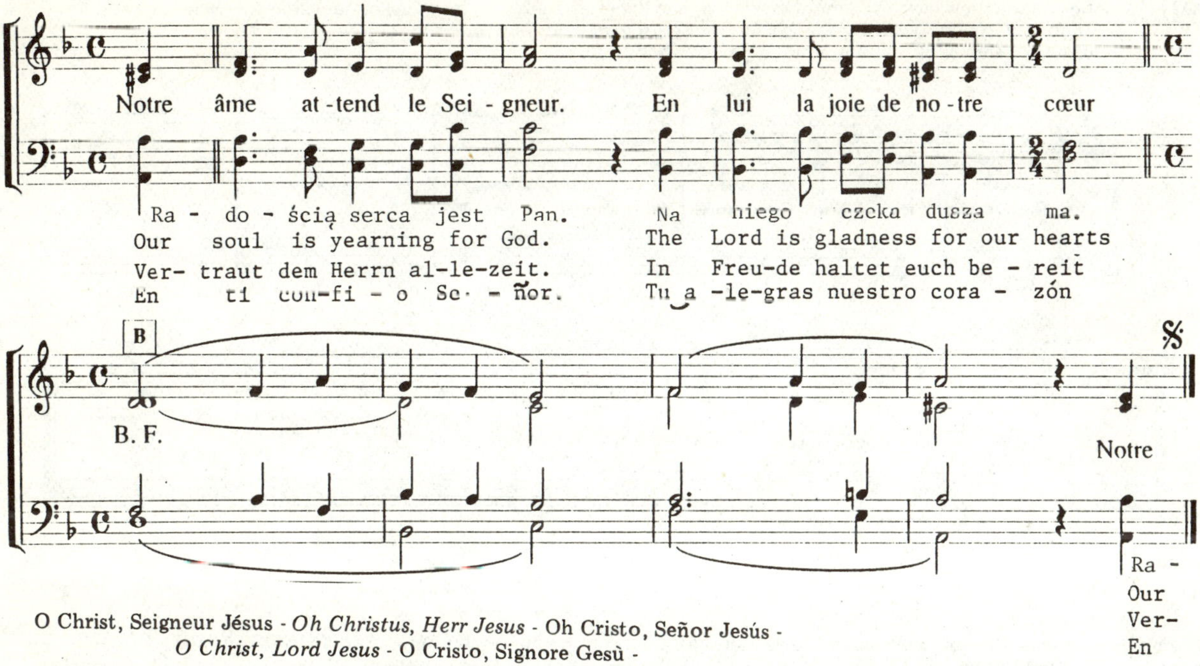

O Christ, Seigneur Jésus - *Oh Christus, Herr Jesus* - Oh Cristo, Señor Jesús - *O Christ, Lord Jesus* - O Cristo, Signore Gesù -

32

Nunc dimittis

Maintenant, Seigneur, tu peux laisser ton serviteur s'en aller en paix selon ta parole. / *Now, Lord, you can let your servant go in peace, according to your promise.* / Nun, lässt du, Herr, deinen Diener nach deinem Wort in Frieden scheiden.

33

34

Dankt dem Herrn denn er ist gut – Dad gracias al Señor porque es bueno

Dziękujcie Panu, bo jest dobry

Give thanks to the Lord for he is good – Lodate il Signore perché è buono

Rendez grâce au Seigneur car il est bon

35

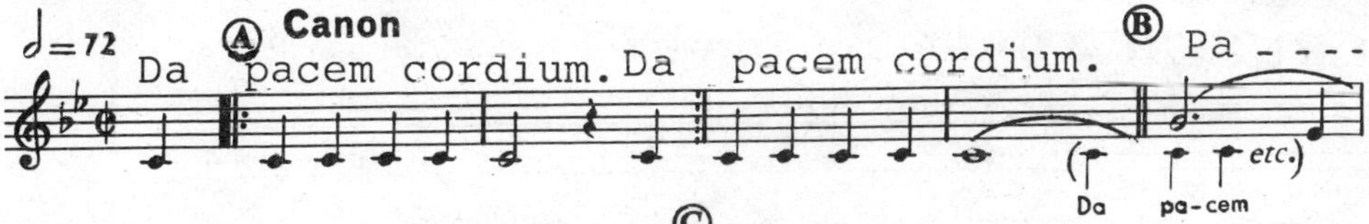

Daj pokój serca.

Donne la paix du coeur./Donne la paix
Dona la pace del cuore,/Dona la pace
Give peace of our hearts,/Give peace
Gib Frieden des Herzens./ Gib Frieden

36

Veni Sancte Spiritus

Viens, Saint Esprit. / *Come, Holy Spirit.* /

Komm, heiliger Geist.

Przyjdź Duchu Święty.

37

Nous adorons ta croix, Seigneur. Nous louons ta résurrection. / *We adore your cross Lord. We praise your resurrection.* / Dein Kreuz, Herr, verehren wir. Deine Auferstehung preisen wir.

Adorujemy krzyż Twój,
Panie, wysławiamy
Twoje zmartwychwstanie

Przez krzyż i mękę twoją Panie,
wybaw nas. Przez święte twe
zmartwychwstanie, wybaw nas Panie.

PER CRUCEM

Par ta croix et ta passion, par ta sainte résurrection, délivre-nous Seigneur. / By your cross and your passion, by your holy resurrection, set us free, O Lord. / Durch dein Kreuz und dein Leiden, durch deine heilige Auferstehung, erlöse uns, Herr.

WAIT FOR THE LORD NAH IST DER HERR **39**

Attendez le Seigneur, son jour est proche. Prenez coeur./ Esperad en el Señor, su venida está cerca. Tened coraje./ Aspettate il Signore, il suo giorno è vicino. Abbiate coraggio.

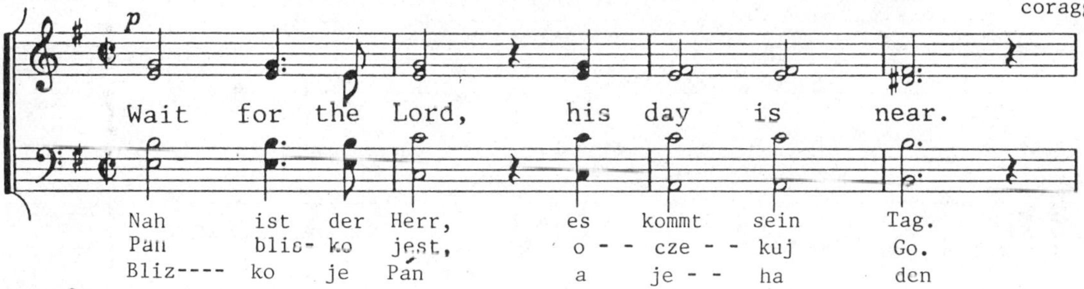

Gloria, gloria canon **40**

Gloire à Dieu au plus haut des cieux. / *Glory to God in the highest.* / Ehre sei Gott in der Höhe.

41

Mon âme magnifie le Seigneur/ My soul magnifies the Lord/ L'anima mia magnifica il Signore/
Meine Seele preist die Grösse des Herrn/
Mi alma engrandece al Señor / Uwielbiaj duszo moja Pana.

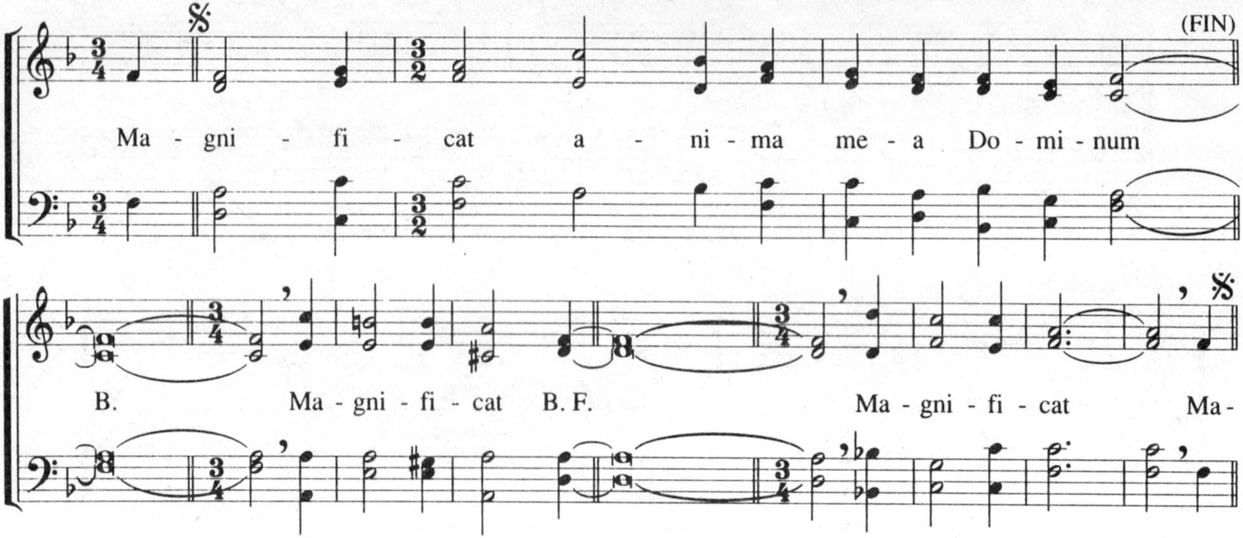

42

You love us/ Du liebst uns/ Tu ci ami. / Ty nas kochasz.

HERR, WOHIN

43

Señor ¿adonde iremos? Tú tienes palabras de vida eterna, Tú eres el Cristo, el hijo del Dios vivo. / Signore da chi andremo? Tu hai parole di vita eterna, sei il Cristo, il Figlio del Dio vivente. / Seigneur où irons-nous? Tu as les paroles de la vie éternelle, tu es le Christ, le Fils du Dieu vivant. / Lord, where would we go? You have words of eternal life. You are Christ, the Son of the living God.

44 OCULI NOSTRI

Nos yeux vers le Seigneur Jésus, vers notre Dieu / Unsere Augen auf den Herrn Jesus, unsern Gott / Nuestros ojos miran hacia el Señor Jesús, nusetro Dios / Our eyes are on the Lord Jesus, on our God / Nasze oczy zwrócone są na Pana, Jezusa, naszego Boga.

45 DE NOCHE

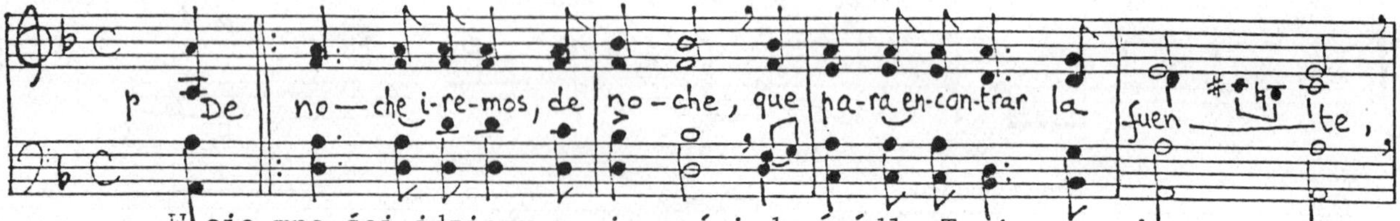

W cie-mno-ści idziemy, w ciemności, do źródła Twoje - go ży - - cia.
By night, we hasten, in darkness, to seek for the liv-ing wa - - ter,
La nuit, de nuit nous chemi-nons, pour y décou-vrir la sour - - ce,
Di nott' andre-mo, di not-te, per in-con-tra-re la fon - - te,
In dunk -ler Nacht woll'n wir zieh-en, le - ben-di - ges Was - ser fin - - den,

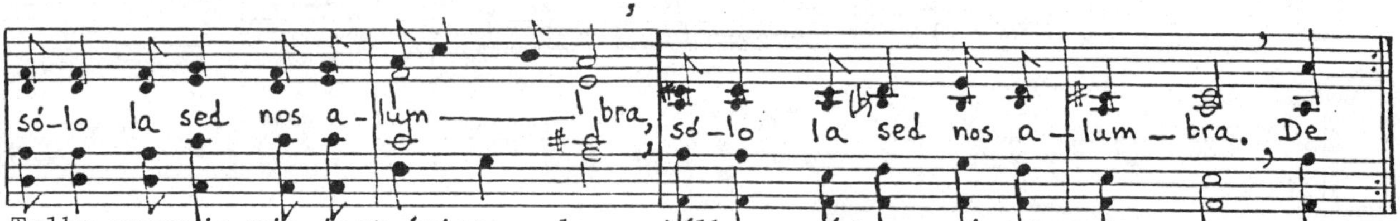

Tylko pragnie-nie jest świat- - łem, tylko pragnie - nie jest świat-łem. W cie-
on-ly our thirst lights us on - - ward, on-ly our thirst lights us on - ward. By
seule la soif nous é - clai - - re, seule la soif nous é - clai - re. De
so-lo la se - te c'il-lu - - mi - na, so-lo la se - te ci gui - da. Di
nichts als der Durst wird uns leu - - - chten, nichts als der Durst wird uns leu - - chten. In

46

Je t'exalterai et je te louerai mon Dieu. / Mein Gott, dich werde ich preisen. / Będę Cię wielbił, mój Boże. Będę Cię wysławiał

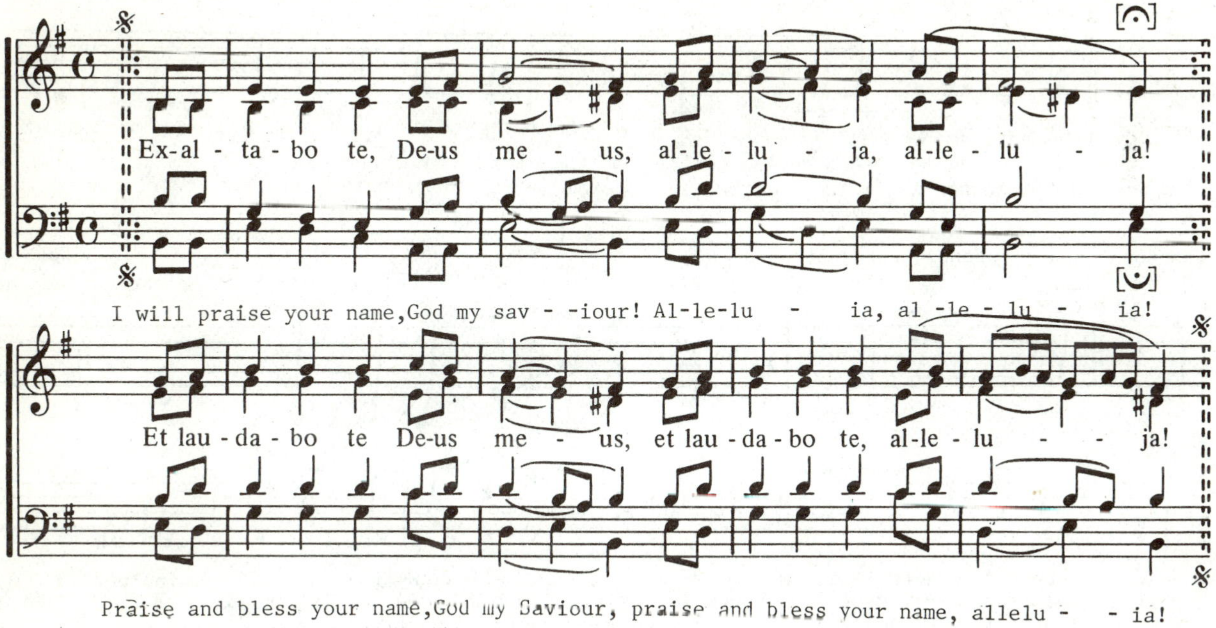

47

Gloire à toi, Seigneur. / *Glory to you, O Lord.* / Ehre sei dir, o Herr.

Gloria tibi Domine

48 EL SENYOR... IN THE LORD... MEINE HOFFNUNG...

V Go-spo—du je mo—ja moč in Gos- pod je moja luč. U-paj vanj, odrešil te bo, nič se ne boj te, Gospod je tu, nič se ne boj—te, Gos--pod je tu.

49

ADORAMUS TE CHRISTE

We adore you, O Christ, we bless you, for by your cross you have redeemed the world.
Nous t'adorons, O Christ, nous te bénissons, car par ta croix tu as sauvé le monde.
Christus, wir beten dich an und preisen dich, denn durch dein Kreuz hast du die Welt erlöst.

Adorujemy Cię Chryste i błogosławimy Tobie, boć przez Krzyż Twój świat odkupił.

50 Bénissez le Seigneur *Benedite il Signor!* *Bendecid al Senor!* Błogosławcie Pana!

Viens Esprit Créateur. / *Come Creator Spirit.* / Komm Schöpfer Geist. / *Ven Espíritu Creador.* **Vieni, Spirito creatore** **51**

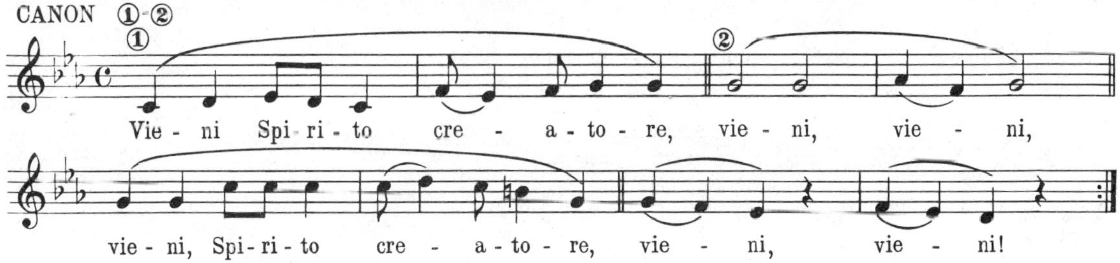

52

Der Herr is mein Lied und mein Lobpreis, all meine Hoffnung kommt von ihm. Gott, die Quelle meines Lebens.
Le Seigneur est mon chant et ma louange; tout mon espoir est en lui. Lui, Dieu, la source de vie.
Il Signore è il mio canto e la mia lode; la mia speranza viene da lui: Dio, sorgente di vita.
El Señor es mi canto y mi alabanza. Mi esperanza toda viene de él. Dios, fuente de vida.

53

DA PACEM
Donne la paix, Seigneur, à notre temps. / Da la paz, Señor, a nuestros días./ Give peace in our days, Lord.
Dona la pace, Signore, ai nostri giorni. / Gib Frieden, Herr, in unseren Tagen.
Panie, daj pokòj naszym czasom.

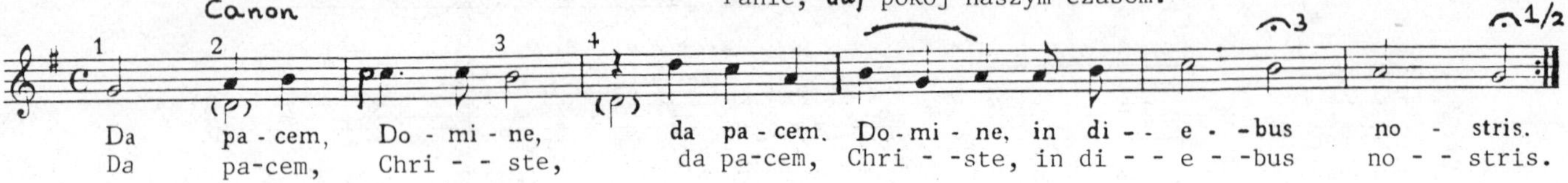

(La 2eme et la 4eme voix chantent à la quarte inférieure./ The 2nd and 4th voices sing in the lower fourth./ Der 2. und 4. Einsatz beginnt in der Unterquart.)

54

Canon Mon âme magnifie le Seigneur. / *My soul magnifies the Lord.* / Meine Seele preist die Grösse des Herrn. / *Mi alma engrandece al Señor.* /Uwielbiaj duszo moja Pana.

55

Przyjdź Duchu stworzycielu/ (Viens Esprit Créateur / Come Creator Spirit / Komm Schöpfer Geist / Ven Espíritu Creador)

56

DOMINE DEUS

Lord God, Son of the Father, grant us peace./ Signore Dio, Figlio de Padre, donaci la pace./ Herr Gott, Sohn des Vaters, gib uns Frieden./ Senor Dios, Hijo del Padre, danos la paz./ Seigneur Dieu, Fils du Père, donne-nous la paix.

Panie Boże, Synu Ojca obdarz nas pokojem.

57

Que l'Esprit de Jésus Christ esprit d'amour, confirme ton coeur./ May the Spirit of Christ Jesus, spirit of love, confirm your heart./ Der Geist Jesu Cristi, der Geist der Liebe, stärke dein Herz/ Lo Spirito di Gesù Cristo, spirito d'amore, confermi il tuo cuore./ El Espiritu de Jesucristo, espiritu de amor, confirme tu corazón.

Niech Duch Jezusa Chrystusa, duch miłości, umocni twoje serce.

58

Ma lumière et mon salut, c'est le Seigneur, Alleluia.

Der Herr ist mein Licht und mein Heil./Il Signore è la mia luce e la mia salvezza. El Senor es mi luz y mi salvacion. / The Lord is my light and my salvation.

59

O Lord, you are my lamp, my God enlighten my darkness. /
Tu sei la mia lampada, Signore; Dio mio illumina la mia tenebra. /
Du, Herr, läßt meine Leuchte erstrahlen, mein Gott macht meine Finsternis hell. /
Señor, tú enciendes mi lámpara; Dios m í o ilumina mi tiniebla. /
Bo Ty, Panie, każesz świecić mojej pochodni: Boże mój, oświecasz moje ciemności.

60

Holy, Holy Lord / Santo, Santo, il Signore / Heilig ist der Herr / Santo, Santo, el Señor / Święty, Święty, Pan

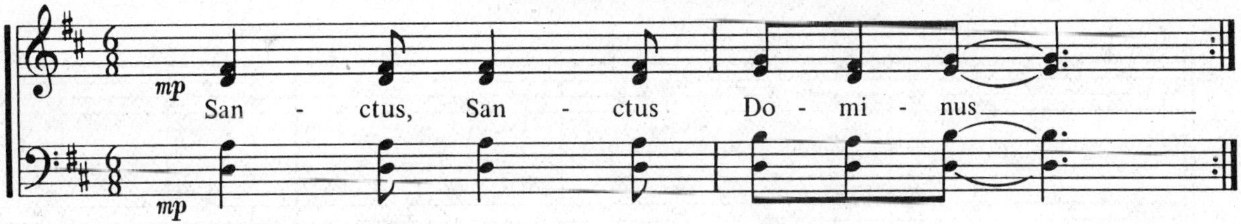

61

Chantez au Seigneur un chant nouveau. Louez-le toujours!

Sing the Lord a new song. Sing his praises at all times!

Cantad al Señor un canto nuevo. ¡Alabadlo siempre!

Cantate al Signore un canto nuovo. Lodatelo sempre!

62

In unserer Seele dürsten wir danach, uns dir hinzugeben, Christus. Voll Erwartung bleibt unser Herz, solange es nicht in dir ruht.
Una siete riempe la nostra anima: abbandonarci in te O Cristo. Il nostro cuore rimane in attesa finché non si riposa in te.

Pragnieniem mej duszy jest wszystko oddać tobie, Chryste.
Moje serce jest niespokojne dopóki nie spocznie w tobie.

63

Vertrauen des Herzens, Quelle der Freude: Jesus, schenkt uns das Herz eines Armen.
Trust of the Heart, source of joy: Jesus, give us poverty of heart.
Fiducia del cuore, fonte di gioia: Gesù, accordaci un cuore di povero.

64

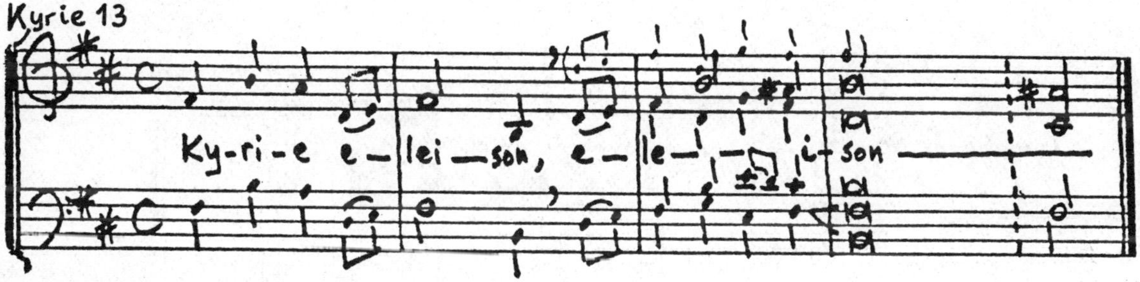

65

66

Seigneur, aie compassion./ Lord, have compassion./ Señor, ten compasión./ Signore, abbi compassione. Herr, erbarme dich.

67

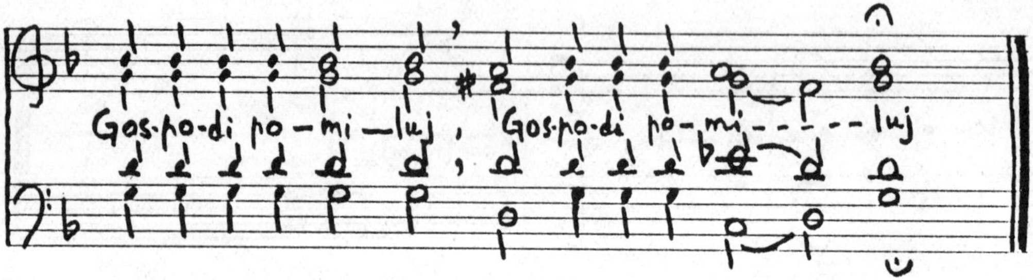

68

Alleluia 7

69

Alleluia 8

70

Alleluia 11

71

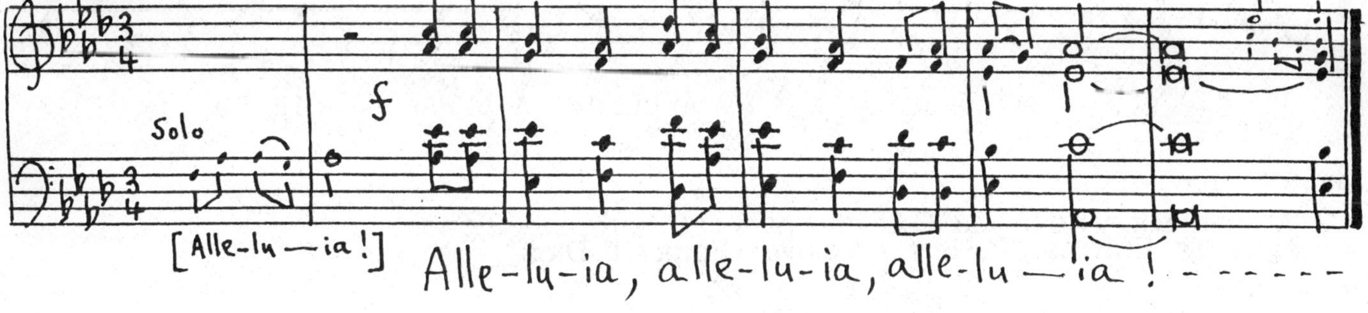

72

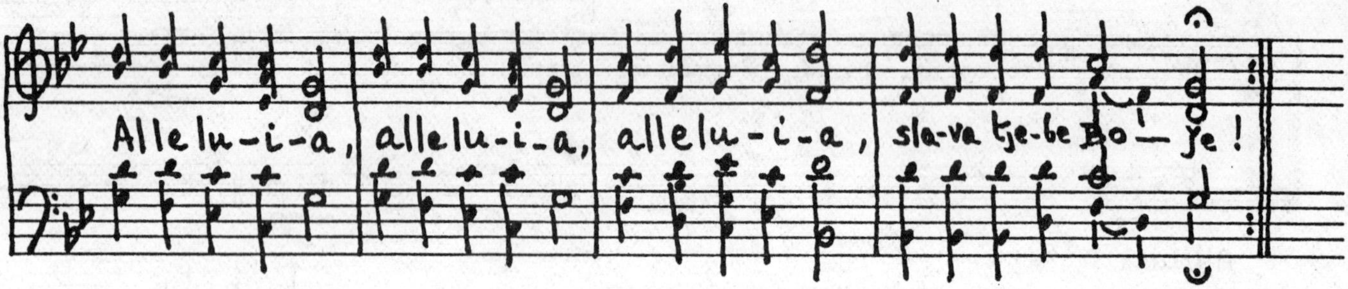

ALLELU-I-A, ALLELU-I-A, ALLELU -I-A, CHWAŁA TOBIE BO-ŻE!

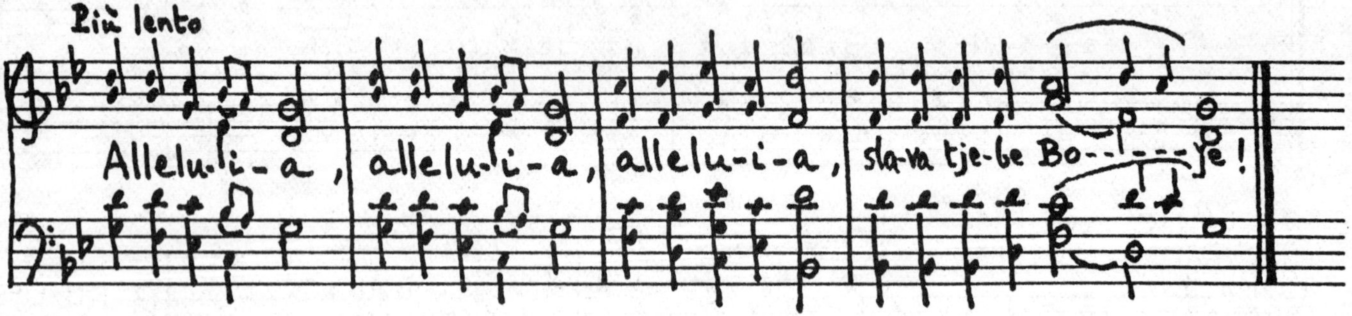

ALLELUI - A, ALLELU-I - A, ALLELU-I-A, CHWAŁA TOBIE BO - - ŻE!

Alleluia! Glory be to you, O Lord. / Alleluia! Gloria a te, Signore.
Halleluja! Ehre sei dir, Herr. / Aleluya! Gloria a ti, Dios.

Notre Père - Our Father - Vater unser - Padre Nostro - Onze Vader - Padre Nuestro

1. Together in the same Spirit,/with hearts full of trust we pray:
   Our Father who is in heaven, / may your name be ever holy;
2. May your Kingdom come to us, / may your will be always done,
   On earth as it is in heaven; / Give to us our daily bread;
3. And forgive us our sins, / as we have forgiven too.
   Keep us far from all temptation, / and deliver us from evil.

1. In dem einen Geist vereint, / sprechen wir voll Zuversicht:
   Vater unser in dem Himmel, / dein Name geheiligt sei;
2. Dein Reich möge kommen, / und dein Wille soll geschehen
   wie im Himmel so auf Erden. / Gib uns unser täglich Brot;
3. Und vergib uns unsere Schuld / wie auch wir vergeben gern.
   Halt uns von Versuchung fern / und vom Bösen mach uns frei.

74 Notre Père/ Our Father/ Padre nostro/ Vater unser/ Padre nuestros

OJCZE NASZ

1. ¡Oh! Padre que en el cielo estás. Tu Nombre solo es santo. Que llegue tu reinado. La voluntad de tu amor, se haga en nuestra tierra; como en el cielo se hace ya.
2. El pan nuestro dánosle hoy. Perdona el mal que hacemos, pues deseamos perdonar a quienes nos han hecho mal. Guardanos de la tentación y del maligno líbranos.

1. Vater unser im Himmelreich, geheiligt werd der Name dein. Es komm dein Reich zu dieser Zeit / und dort hernach in Ewigkeit. Der Wille deiner Lieb gescheh, auf Erden wie im Himmelreich.
2. Gib uns heut unser täglich Brot; all unsre Schuld, vergib uns, Gott, wie wir auch unsern Schuldigern, ihr Schuld und Fehl vergeben gern. Fern von uns die Versuchung sei; von allem Bösen uns befrei.

1. O Padre nostro nei cieli, che tu sia santificato, e che il tuo regno venga, la volontà del tuo amor / si compia sulla terre / come si compie in cielo.
2. Il nostro pane donaci; perdona i nostri peccati / come noi perdoniamo a chi ci ha offenso; la tentazione allontana, e liberaci dal male.

1. Our Father who in heaven dwells, may your name ever holy be, and may your Kingdom come to us. The will of your unfailing love / accomplished be here on the earth / as it is done in heaven.
2. Give us this day our daily broad. And forgive us our trespasses, as we also forgive all those / who have trespassed against us. Keep us far from temptation, and from evil deliver us.

1. Mi Atyánk ki vagy a mennyekben / Szenteltessék meg a Te neved, / jöjjön el a Te országod, / legyen meg az akaratod, / Miképpen fönn a mennyben, / Azonképp itt a Földön is.
2. Add meg mindennapi kenyerünk, / és bocsásd meg a mi buneink, / miképp mi is megbocsátunk / az ellenünk vétkezoknek. / A kisértéstol tarts távol, / ments meg minket a gonosztol.

75

Lumiè-re de nos coeurs, Seigneur, chemin d'éter - ni - té, o vie pour toute la terre
O Light of every heart, O way of all e - tern-it - y, O Life, true source of all living,
Du Licht das in uns scheint, O Christus Weg der E - wig - keit, du Le - ben der gan-zen Er - de,
Es-pi-ri-tu de a-mor, oh luz que inun-da nues-tro ser, de-rra-ma en to-da la tierra
dans ton Esprit ras-sem - ble-nous. Al-le - lu - ia!
your Spirit, Lord, is gathering us. Al-le - lu - - ia!
ver-samm-le uns in dei - nem Geist. Al - le - lu - - ja!
Se - ñor tu paz y tu ver-dad. A - le-lu - - ya!
A-mour de tout a - mour, Seigneur, tu nous ap-pel - les. Ta voix dé - chi - re nos nuits
O love of ev-ery love, O Lord, we hear you cal - ling, your voice breaks in-to our night
Der Lie - be hel - les Licht lässt du in uns er - stra - len. Dein Ruf zer - reisst uns - re Nacht
A - mor de to-do a-mor, oh fue-go que i - lu-mi - na, ar-der qui-sie - ra por ti
et s'ouvrent en nous les por-tes de louan - ge. Al - le-lu - ia!
and in our hearts the gates of praising o-pen. Al - le - lu - ia!
und schon er - klingt das Lob-lied deines Na - mens. Al - le - lu - ja!
y que mi vi - da to-da fuera o-fren-da. A - le - lu - ya!

Światło naszych serc, Panie, drogo wieczności. Tyś życiem dla całej ziemi, zjednocz nas w Twoim Duchu. Alleluja! Miłości ponad wszelką miłość, Panie Ty nas wzywasz. Twój głos rozdziera nasze ciemności i otwierają się w nas bramy chwały, Alleluja!

Luce dei nostri cuori, Signore, via d'eternità; O vita per tutta la terra, nel tuo Spirito riuniscici. Alleluia! Amore di ogni amore, Signore, tu ci chiami. La tua voce squarcia le nostre notti, e si aprono in noi le porte delle lode. Alleluia!

76

N'ayez pas peur! Réjouissez vous! Christ est ressuscité.

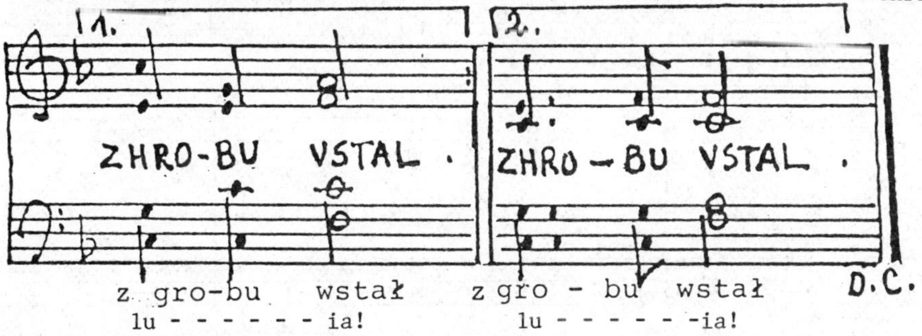

Fürchtet euch nicht! Freut euch! Christus is auferstanden.

No temais! Regocijaos! Cristo ha resucitado.

77

Jesus, denk an mich, wenn du in dein Reich kommst.
Gesu, ricordati di me quando verrai nel tuo Regno.
Cristo, recuérdame cuando estés hoy en tu Reino.

Jezu, wspomnij na mnie gdy przyjdziesz do swego królestwa.

78

Reste avec nous Seigneur, car déjà tombe la nuit.
Herr, bleibe bei uns, denn es will Abend werden.
Quédate con nosotros, Señor, porque aterdece.
Stay with us, O Lord, for the night is falling.

Pozostań z nami, Panie bo noc już nadchodzi.

79

FREUET EUCH

Rozradujcie się w Panu i
błogosławcie jego imię.

Réjouissez-vous dans le Seigneur!
Et bénissez son Nom.
Rallegratevi nel Signore!
E benedite il suo Nome.
Alegraos en el Señor!
Y bendecid su Nombre.
Rejoice in the Lord!
And bless his Name.

80

81

LES BEATITUDES
DIE SELIGPREISUNGEN
LE BEATITUDINI
THE BEATITUDES
LAS BIENAVENTURANZAS
BŁOGOSŁAWIENSTWA

1-Bienheureux sont les coeurs de pauvres / car le Royaume des cieux est à eux.
2-Bienheureux aussi ceux qui pleurent / la joie de Dieu consolera leur coeur.
3-Bienheureux sont les doux, les humbles / la terre un jour va devenir leur bien.
4-Bienheureux chercheurs de justice / car dans leur faim ils seront tous comblés.
5-Bienheureux sont ceux qui pardonnent / car le pardon pour eux sera donné.
6-Bienheureux sont les coeurs limpides / dans la lumière ils verront leur Seigneur.
7-Bienheureux les artisans de paix / car ils seront appelés fils de Dieu.
8-Bienheureux ceux qu'on persécute / car le Royaume des cieux est à eux.
9-Bienheureux ceux qui pour Christ souffrent / leur allégresse est grande auprès de Dieu.

o o o

1-Happy all, who are poor in spir- it : for the King- dom of heaven is theirs.
2-Happy all those who now are weep- ing : the joy of God will com- fort them.
3-Happy all the hum- ble, the gen- tle : for the earth one day will be theirs.
4-Happy all, who for just- ice hun- ger : they shall re- ceive their heart's de- sire.
5-Happy all, who for- give- ness of- fer : for they shall al- so be for- given.
6-Happy all with hearts clear and sim- ple : for they shall come to see their God.
7-Happy all cre- a- tors of true peace : they shall be called the sons of God.
8-Happy all suff' ring per- se- cu- tion : for the King- dom of heaven is theirs.
9-Happy all, who per- se- vere for Christ : for in God they'll be filled with joy.

1-Dichosos los que tienen un corazón de pobre,porque el Reino de los cielos les pertenece.
2-Dichosos los que lloran, porque la alegría de Dios consolará sus corazones.
3-Dichosos los no violentos, porque heredarán la tierra que Dios les ha prometido.
4-Dichosos los que tienen hambre y sed de justícia, porque serán saciados.
5-Dichosos los que tienen compasión de los demás, porque Dios se compadecerá de ellos.
6-Dichosos los limpios de corazón, porque ellos verán a Dios.
7-Dichosos los que trabajan por la paz, porque Dios les llamará hijos suyos.
8-Dichosos los que son perseguídos, porque suyo es el Reino de los cielos.
9-Dichosos los que sufren por causa de Cristo, porque grande será su alegría junto a Dios.

o o o

1-Glücklich sind, die im Herzen Armen,/ denn das Reich Gottes ist für immer ihr.
2-Glücklich sind, die Leiden erfahren,/ denn durch den Herrn ist ihnen Trost gewiß.
3-Glücklich sind, die in Sanftmut leben,/ denn das verheißne Land fällt ihnen zu.
4-Glücklich sind, die hungert und dürstet / nach Gerechtigkeit; sie werden satt.
5-Glücklich sind, die barmherzig leben,/ denn auch sie erfahren Barmherzigkeit.
6-Glücklich sind, deren Herz in Klarheit;/ sie werden Gott in seinem Lichte schaun.
7-Glücklich sind, die den Frieden schaffen,/ denn Kinder Gottes wird ihr Name sein.
8-Glücklich sind, die verfolget werden,/ denn das Reich Gottes ist für immer ihr.
9-Glücklich sind, die für Christus leiden,/ die Freude des Festes bricht an für sie.

o o o

1-Nel Signor, i pover beati / perch'è per lor che s'apriranno_i ciel.
2-Nel Signor, felice_è chi piange / Dio le sue lacrime consolerà.
3-Nel Signor, i_misericordiosi / il mondo_un di li riconoscerà.
4-Nel Signor, sian beati_i giusti / Dio la lor fame_un giorno sazierà.
5-Nel Signor, di promessa_i gigli / fedele_è Dio con chi amato avrà.
6-Nel Signor, sian beati_i puri / il volto del Padre vedranno_un di.
7-Nel Signor, chi ama la pace / figlio di Dio sarà chiamato_un di.
8-Nel Signor, beato sia chi soffre / il regno dei cieli gli_apparterrà.
9-Nel Signor, i perseguitati / nel suo regno ei vi compenserà.

82